Christina Mülling

Ich will leben

Reihe: Gottes-Verdichtungen Band 2

Bibliografische Information der Deutschen Nationalbibliothek

Die Deutsche Bibliothek verzeichnet diese Publikation in der Deutschen Nationalbibliografie; detaillierte bibliografische Daten sind im Internet über <http://dnb.ddb.de> abrufbar.

1. Auflage 2017
© 2017 Christina Mülling

Das Werk ist in allen seinen Teilen urheberrechtlich geschützt. Die dadurch begründeten Rechte, insbesondere die der Übersetzung, des Nachdruckes, der Funksendung, der Wiedergabe auf fotomechanischen oder ähnlichem Wege und der Speicherung in Datenverarbeitungssystemen bleiben, auch bei nur auszugsweiser Verwertung, vorbehalten.

Herstellung und Verlag: BoD - Books on Demand, Norderstedt

ISBN 9783743128460

Bildnachweis: Olivenbäume, © Natalia Haszler

Ich will leben

Der Lebensbaum

Der Same gesät
aus Deiner Hand
dem Leben entgegen gestorben
im Mutterschoß der Erde
in neuer Gestalt
dem Leben preisgegeben

Nackt und ungeschützt
im Schatten der Brüder gewachsen
die Wurzeln mangels Platz
in die Tiefe gesenkt
um gestärkt von Himmelskraft
den Gipfel zum Licht zu erheben

In dürren Zeiten
die Ringe enger geschrieben
Blätter verloren
Leben gelassen
den Lebensfunken geschützt
der im Inneren glimmt

In guten Zeiten
dem Leben Farbe gegeben
von der Sonne liebkost
das Blühen gewagt
um Frucht zu bringen
die neues Leben sät

Dem Sturm getrotzt
abgebrochene Äste ersetzt
durch neue Triebe
Entwurzeltes neu geerdet
vom Leben Gebeugtes
wieder zum Licht erhoben

In winterskalter Nacht
an der Hoffnung festgehalten
dass der Tod nicht das Ende ist
dass es gilt
dem Leben entgegen zu sterben
vertrauensvoll

Ich will leben

Vom Leben gezeichnet
bis ins Mark aufgerissen
das Innerste nach außen gekehrt
das Geheimnis des Lebens offengelegt
der Ölbaum
störrisch
seine Wurzeln in die Tiefe gegraben
unbeirrbar
den Abgrund auslotend
das Leben
den Stürmen abgerungen
trotzig
das Ja zum Himmel geschrien:
Ich will leben!

Frühling

Machtvoll bricht sich der Frühling die Bahn
hüllt die winterskalte Welt
in zarten Blütenschleier
das neue Leben verheißend

Zärtlich streichelt die Sonne
über verschlossene Blütenknospen
bis sie vom Leben durchpulst
sich für die Liebe öffnen

Frühlingstrunken versinkt die Welt
in leuchtenden Farbentaumel
süßlichen Blütenduft und
Zärtlichkeit verströmend

Aus tausend Vogelkehlen erklingt der Lobgesang
der dich besingt den Ursprung allen Lebens
der du mit zarter Schöpferhand
das Leben neu zum Klingen bringst

Erwach meine Seele
angeweht vom zarten Frühlingshauch
und erhebe auch du dein Liebeslied
aus winterskalter Nacht

Herbststurm

Es herbstet in meinem Herzen.
Ein kühler Wind rauscht durch die Zweige,
die einst voll Leben waren,
schüttelt Erinnerungen ab wie welke Blätter,
die des Lebenssaftes verlustig gingen.

Die Pracht verflüchtigt sich.
Zurück bleibt der kahle Stamm,
der trotzend um das Leben ringt,
das glimmt in seinem tiefsten Kern.

Wirst du wieder Hoffnungsknospen treiben,
geläutert durch des Frostes eis'ge Hand?

Wird die Trauer der Freude wieder weichen,
die erstarb in stummer Qual?

Werden deine Wurzeln halten,
wenn dran rüttelt rauer Lebenswind?

Auch wenn der Winter seine Spuren gräbt,
hinein bis in dein tiefstes Mark,
vertraue doch den Hoffnungsboten,
die den Frühling verheißen
nach winterskalter Nacht.

Der Herbst

Wind rauscht
durch buntes Farbenmeer
abschiedlich
hüpfen Sonnenstrahlen von Blatt zu Blatt
verschmelzen
zur Farbsymphonie
die der nahende Tod
auf Blätter malt

Leise
fast unbemerkt
versickert das Leben
im Farbenrausch
schwebt es langsam
zu Grunde

Der Herbst 2

Schon malt das Sterben
seine schönsten Farben auf die Blätter
die lebenssatt in Rot und Gold erglüh'n

Schon rauscht der Wind
des Gottesboten Vetter
ein letztes Mal durch seine Blätter
und blättert blind
durch seines Lebens stumme Müh'n

Bis sanft
dem Lassen übereignet
das gold'ne Blatt zur Erde sinkt
und sich die Nacht zum Leben neiget
das alle Finsternis durchdringt

Der Sturm

Es stürmt
in meinen Erinnerungen
wirbeln Bilder wie welke Blätter
durch mein Herz
erzählen von Liebe und Vergänglichkeit
erfüllen es mit Traurigkeit

Reifbehaucht

Reifbehaucht
streckt sich die Schöpfung
der Sonne entgegen
die sanft das Eis
von Blättern küsst
und Leben befreit
aus Erstarrung

Nebelverhangen

nebelverhangen verbirgt die schöpfung ihr gesicht
verweist auf hier und jetzt
doch die seele ahnt weite

Sehnsuchtswurzeln

Sehnsuchtswurzeln
hinabgesenkt
in Einsamkeitsboden

hindurchgesprengt
durch Herzenshärte

hinübergeschwiegen
über Wortgeplätscher

vorbeigeliebt
an Erfüllungspfützen

fest verankert
in Lebensfülle

Sing Orpheus

Sing, Orpheus, sing,
treib deine Sehnsuchtswurzeln
hinab in felsiges Hoffnungsland,
trotz durch dein Lied
dem Tod das Leben ab.

Spiel, Orpheus, spiel,
lass dein Hoffnungslied klingen
gegen Grabesgesang,
damit sich neues Leben erhebt
phönixgleich.

Tanz, Orpheus, tanz,
lass dich ergreifen
vom Rhythmus des Lebens
und spreng die Erstarrung,
die Fesseln des Totenkleids.

Unser Leben
Geschichte in Dir

Unser Leben Geschichte in dir

Unser Leben
Geschichte in DIR:
verworren und undurchsichtig
geprägt von Schwachheit und Schuld
verheddert im Dornengestrüpp des Ichs
auf Um- und Irrwegen wandelnd
mühselig tastend nach Deinen Spuren

Unser Leben
Geschichte in DIR:
Schuld heimgeliebt in Dein Erbarmen
Um- und Irrwege begradigt
Weglosigkeiten begehbar gemacht
Dunkelheiten erleuchtet
Egoismus aufgebrochen
durch Deine Liebe

Unser Leben
Geschichte in DIR:
untrennbar verbunden
mit Deiner Liebe!

Das Lebensbuch

Du Herr, gabst mir die Feder in die Hand
zu schreiben meines Lebens Buch,
gabst deine Treue mir als Pfand
zu wagen meinen Schreibversuch.

Die ersten Seiten, die beschrieben,
sind holprig noch und ungelenk,
sind oft nur Fußnoten geblieben,
die an das Leben angehängt.

Das Leben brav in engen Zeilen
zunächst im Kleindruck nur gewagt,
mit Sorgfalt eifrig nachgeschrieben
was andere mir vorgesagt.

Um selber mehr Kontur zu finden
den Zeilenumbruch eingesetzt
und, um den Horizont zu weiten,
durch Kommas Inhalte vernetzt.

Die Zeilen mutig überschritten,
die Schrift entgleist im Auf und Ab,
Neues probiert, Altes gestrichen,
ein Absatz setzt vom Früh'rem ab.

Den vorgegeb'nen Rahmen sprengen,
die Themen wechseln kunterbunt,
nicht mehr an allen Fäden hängen,
die Freiheit nützen: Doppelpunkt!

Dem eig'nen Lebensthema lauschen,
die Seiten füll'n mit Bild und Lied,
Ausrufe- gegen Fragezeichen tauschen,
der harte Schriftzug formt sich mild.

Auch einmal über Ränder schreiben,
Neues probieren, ob es passt,
den Lebenshorizont erweitern,
Neues ins Ganze eingepasst.

Das eigene Format gefunden,
die krummen Zeilen grad gemacht,
den Faden wieder aufgenommen,
den Du, mein Herr, mir zugedacht.

Die leeren Seiten mutig füllen,
nicht ängstlich vor dem Leben flieh'n,
das Herz nicht in die Stummheit hüllen,
vertrauensvoll die Linien zieh'n.

Der große Schlusspunkt der Geschichte
wird dann gesetzt von Deiner Hand.
Herr, lies sie dann im milden Lichte,
gabst Dein Erbarmen mir als Pfand.

Leere Seiten

Der Tag liegt vor mir
ein offenes Buch
mit leeren Seiten
wartet auf Lebensspuren
gezogen mal mutig mal zögerlich
doch immer Hoffnungs-voll
Dich zu finden
im Dazwischen

Das Lebenslabyrinth

Labyrinth des Lebens
Steinbruch
durch den ein Weg sich bahnt
verschlungen
doch zielgerichtet
gesäumt von Unkraut
und blühendem Mohn
Schrittwerk
im Erobern und Lassen
um endlich anzukommen
bei Dir
bei mir
und zu erkennen
Unkraut und Rosen
beide blühen in
Dir

Das Lebensschiff

Möge das Schiff deines Lebens
von guten Mächten geborgen
sicher durch die Lebensmeere gleiten
und dich guten Mutes
an dein Lebensziel bringen

Mögen gute Winde
dir den Rücken stärken
und dich voranbringen
auf deinem Lebenskurs
widrigen Strömungen zum Trotz

Mögest Du in den Lebensstürmen
deine Anker
auf sicheren Boden werfen
der dir Halt gibt
in deiner Geworfenheit

Mögest du einen sicheren Hafen finden
der dir die Geborgenheit schenkt
die es dir möglich macht
wieder zu neuen Zielen auszulaufen
die Ungewissheit neu zu wagen

Mögen in der Weite des Horizonts
dein innerer Kompass
dir Orientierung schenken
und die Sterne deiner Sehnsucht
dir sicher den Weg weisen

Mögest du den Mut aufbringen
in unbekannten Gewässern
einen Lotsen zu nehmen
der dir hilft
Untiefen zu umschiffen

Mögen deine Vorräte ausreichen
um Windstille zu überstehen
und dein Mut
um im stillen Wasser
nach der Tiefe des Lebens zu suchen

Himmelsblau

Um zum Himmelsblau
des Mehr zu gelangen
braucht es beide:
Sternenkundige
und Sturmbewährte

Die einen deutekundig
um den Sehnsuchtsweg
nicht zu verlieren
die anderen lebenskundig
um das Scheitern zu umschiffen

Nur Hand in Hand
kann die Schwelle
himmelwärts
überschritten werden

Aus der Reihe tanzen

Aus der Reihe tanzen
sich links herum
statt rechts rum drehn
mutig dem inneren Takte folgen
aus dem die eignen Rhythmen erstehn

In den Augen der anderen
unverstanden
Takt-los!
einsam
die eignen Wege gehen

Geheimnisträgerinnen

Geheimnisträgerinnen
zu Mitwisserinnen geworden
verbunden
durch den Sehnsuchtsfaden
der sich tief eingegraben
durch das Leben zieht

Wie hört sich die Liebe an?

Wie hört sich die Liebe an

Wie hört sich die Liebe an?
Wie mildes Säuseln,
in das sich sanft die Seele schmiegt?
Wie schneller Walzer,
in dem sich Herz an Herzen wiegt?
Wie feuriger Tango,
in dem die Leidenschaft erglüht?

Wie hört sich die Liebe an?
Von welchem Ton ist sie getragen?
Beherrscht sie nur die lauten Töne?
Darf sie auch leise Töne wagen?

Wie hört sich die Liebe an?
Wechselt sie zwischen Moll und Dur?
Erhebt sie sich zu höchsten Tönen
in schwindelnder Coloratur?

Oder schwingt sie um den einen
Ton, der leis ganz tief erklingt,
der unsre Herzen ruhig durchflutet
und zum Zusammenklingen bringt?

Wie hört sich die Liebe an?
Lass mich an Deinem Herzen lauschen!
Dein Herzschlag gibt den Rhythmus vor!
Lässt sich durch nichts vertauschen.

Fragend

Fragend hängen deine Augen
an meinem Gesicht
in der Hoffnung
dort zu finden
was deiner Seele verloren ging:
Wertschätzung
Annahme
bedingungslose Liebe
in denen Selbstachtung
wachsen kann

Wandlung

In Deinem Augen-Blick
empfange ich mich neu
verwandelt sich Unansehnlichkeit
in Schönheit
Armut
in Reichtum
Wertlosigkeit
in Kostbarkeit
mein Ich
zum Du!

Behutsam

Behutsam
berge ich dein Gesicht
in meiner Hand
deine wunde Seele
in meinem Herzen
schenke deinem fragenden Blick
Ansehen und Heimat:
Du darfst sein!

Wieder-Belebung

Niemand
kann dem anderen
Alles sein
immer wird es Seiten geben
die unverstanden
trauernd in der Ecke stehen
bis die Seele ausgelaugt
ungestüm nach Leben schnappt
und eine Bresche in den Alltag schlägt:
Wieder-Belebung!

Zu viel

Noch strahlt das Glück aus euren Augen
deckt die Verliebtheit
das Unbehagen zu
das leise aus der Seele steigt
um sich schleichend
auf den Alltag zu legen
und alles zu
zudecken:
zu
viel Wir
zu
wenig Ich
zu
viel Anpassung
zu
wenig Eigenstand
bis ihr neu
auf
brecht
um euch im Lassen
neu zu finden

Der Maßstab

Mein Maßstab
angelegt an andere
zu groß
oder zu klein
nie passend

Erbarme Dich
maßloser Gott!

himmelwärts

Allen Widerständen entgegen
lieben wir uns
himmelwärts!

Wegkreuzung

Nach langer Zeit
Wegkreuzung
lauschen
auf den Herzschlag des anderen
angeschlossen am Lebenspuls

Halte die Wolken an
und lass uns verweilen
im Augen-Blick!

Zweigesrauschen

zweigesrauschen erfüllt die nacht mit gesang
erzählt vom wachsen und werden
du gehst - doch es bleibt der zusammenklang

Harft eure Sehnsucht in den Wind

harft eure sehnsucht in den wind
er wird sie weitertragen
im himmel werden wir tanzen

Hoffnung

Hoffnung
springe Himmel hoch
von oben besehen
schrumpfen Mauern
zur Bedeutungslosigkeit

Hoffnung
springe Himmel weit
denn jenseits der Grenzen
liegt der Schlüssel zur Wahrheit:
Gott ist größer!

Liebe ist Liebe

Liebe
ist
Liebe
ist
Liebe
jedesmal neu
jedesmal anders
unvergleichbar
nicht gegeneinander auszuspielen
und doch
Liebe
weil sie aus Dir stammt
der Du die Liebe bist

Lieben und Leiden

Lieben und Leiden
das eine existiert nicht
ohne das andere

Wer nicht leidend liebt
und nicht liebend leidet
hat zum Wesen der Liebe nicht gefunden
ist zu den Untiefen des anderen
noch nicht vorgedrungen
hat sich an den Grenzen des anderen
noch nicht geschabt
hat seine Sehnsucht noch nicht
von der Realität beschneiden lassen müssen

Die Liebe sagt:
Ich liebe dich!
Und auch:
Ich kann dich leiden!

Sehnsucht

Sehnsucht
Lockruf des Lebens
verheißungsvolle Lebensmelodie
die von ferne
an die Seele rührt
und einlädt zum Tanz
in Freud und Leid
Gelingen und Scheitern
der Ewigkeit entgegen

Schwerwiegendes

schwerwiegendes
wiegt schwer
punkt
verlagerung
bringt schwerwiegende
folgen gleichgewichts
verschiebung bewirkt
verlust der
tragenden mitte
zurecht
rücken gefragt

Atemzug um Atemzug

Atemzug für Atemzug
Kampf gegen den Todessog
Aufstand gegen Lebensangst

Ringen mit blindem Zorn
um den Lebensfunken
am Glimmen zu halten

Liebe am seidenen Faden
die Träne für Träne
dem Trotzdem Leben einhaucht:

Liebe -
Stärker als der Tod!

Mauern der Angst

Ich stoße
an die Mauern deiner Angst
die dich unnahbar
und unberührbar machen
und schürfe mir die Seele wund

Deine Angst
weckt die Angst in mir
lässt mich davonlaufen
mich verkriechen
vor der Unnahbarkeit
die sie ausstrahlt

Und doch bleibe ich
harre aus
da Angst nicht deine ganze Wahrheit ist
und ich weiß
dass nur Liebe
Angst besiegen kann

Wortgemetzel

Wortgemetzel
auf dem Beziehungsschlachtfeld
nicht nur der Verlierer zieht den Kürzeren
beim Schattenkampf der Seelen

Erst die Fanfare der Vernunft
lässt innehalten
aus dem Schatten der Vergangenheit treten
und das Geschehen
in neuem Licht sehen

Kämpferische Worte

Kämpferische Worte
branden gegen den Schutzwall
des Schweigens
um im Feindesland
den Sieg zu erringen

Doch die Seele weiß
dass auch der tote Feind
keinen Frieden bringen wird
und wirft heimlich
Segen über die Mauer

Tanz mit dem Schatten

Wenn alles am Ende scheint
das Gelernte und Gewusste
ins Leere läuft
und du angekommen bist
am Nullpunkt der Ohnmacht
dann halte inne
erlausche die leise Einladung
zum Tanz
mit dem Schatten

Schürfen in Erinnerungsminen

Geduldig schürfen
in den Dunkelkammern der Erinnerungsminen
um Bilder und Erfahrungen zu heben
die seit Jahrzehnten eingelagert
und vergessen
heimlich das Leben prägen

Angstkrusten absprengen
Schamschleier beiseite ziehen
die Lebenskraft befreien
aus jahrelangem Winterschlaf

Brunnenpunkt der Ohnmacht

Am Ohnmachtspunkt
wachsam aushalten
bei sich bleiben
weder in Resignation fallen
noch in Machtausübung flüchten
bis man zum Brunnenpunkt durchstößt
und sich ein neuer Weg eröffnet
in die Macht-Freiheit
der zum Leben führt

Gewaltverzicht

   Gewalt -- Verzicht

die Faust ballen
    die Hand zur Versöhnung öffnen

den anderen runtermachen
    die Würde des anderen achten

den anderen ausbeuten
    ihm zum Leben verhelfen

Aggressionen ausleben
    die Annäherung wagen

mit Blicken töten
    Barmherzigkeit schenken

mundtot machen
    das Wort im anderen befreien

Freiheit beschneiden
    Fesseln lösen

Leib und Seele missbrauchen
    das Geheimnis im anderen achten

verletzen
    Wunden verbinden und heilen

   Gewalt - Verzicht

    Herzenssache!

Leergut

Inhaltsvolle Worte
in der Krise
auf die Waage gelegt
und für zu leicht befunden
als Leergut
an den Absender
zurückgesendet

Herzenssache

Dort, wo dein Schatz ist,
dort ist auch dein Herz.

Dort wo dein Herz ist,
wird es einen Schatz finden.

Zieht das Herz weiter,
verliert der Schatz seinen Wert.

Herzenssache!

Beziehungsnetz

leere
durchwoben von
erinnerungsspuren
glücklicher augenblicke
schmerzlicher erfahrungen
hilfloser unfähigkeit
beziehungsnetz
durch das die liebe sickert
in die ewigkeit

Der Schmerz

Tief in meinem Herzen
lauert noch immer
der Schmerz
eingehüllt
in Schichten
ungeweinter Tränen
vertrocknet im Wüstenland

Eiszeit

Wie viele Worte
die ich dir sagen möchte
hängen eingefroren
unter der Oberfläche
meiner Seele
ohne dich je zu erreichen:
Eiszeit!

Die Vergessensdecke

Gedanken
eingefroren unter der
Vergessensdecke
harren auf Tauwetter
um dem Licht
entgegen zu fliegen

Wortlos

Wortlos
schweigen wir
aneinander vorbei

Sinnlos
häufen wir
Wort auf Wort

Beziehungslos
gehen wir
nebeneinander her

Leere gähnt
aus dem Schlund der
Auseinanderentwicklung

Vergebung

Alte Wunden
lass sie ruhen
unter dem Schorf
des Vergessens

Umhülle sie
mit dem Balsam
der Vergebung
auch wenn die Wölfe heulen

Sinnlücken

Sinnlücken
zwischen Wörtern Sätzen
Interpretationsfallgruben
zwischen dir und mir
angefüllt mit Widerspruch
die nur im Spagat
der Liebe
überbrückt werden können

Stolpersteine

stolper
steine
achtlos ins leben geworfen
leiten um
wege zu mir

Traurigkeit

Graue Meere der Traurigkeit
wallen auf
in meinem Herzen
branden an die
Inseln der Einsamkeit
überschwemmen
die Ufer der Freude
die bunten Farben verwischend
verschlingen den leisen Hilferuf
als wär er nie gewesen

Nebelverhangen
bahnen sich meine Gedanken
den Weg zu Dir
der du der Fels meines Herzens bist
um auf Dich
meinen Rettungsanker zu werfen

Wohin?

Der Weg
hinter mir
mal breit
mal schmal
mit Höhen und Tiefen
Licht und Dunkel
Freude und Schmerz
aber gesegnet

Jetzt
Einbruch
Zukunftsangst

Angst
dass das Leben
die Liebe
zu kurz greifen könnte
die Leere zu groß
der Sinn zu klein sein könnte
Weg-Gabelung?

Stummer Schrei
in Gottes Ferne:
Wohin?

Weg-Losigkeit

Den Weg begonnen
das Ziel fest im Blick
voll Vertrauen anzukommen
bei Sonnenschein

Im Gehen erst
die Mühsal erfahren
den Hunger nach Leben
nach Liebe und Sinn

Im Nebel das Ziel aus den Augen verloren
ausgeliefert den Unbilden
Unterschlupf gefunden
und dort verweilt

Den Durst an Bächen gestillt
und doch die Sehnsucht
nach der Quelle nicht verloren
die tief der Seele entspringt

Abgewichen
vom vorgegebenen Weg
in der Weg-Losigkeit
mich selber gefunden

Neu-Land

Keimhaft
wächst in meinem Herzen
der Lebensort
nach dem sich meine Seele sehnt

An der Grenze
wird er liegen
jenseits von Kongregationen
und Konfessionen
bei den Randmenschen
auf Augenhöhe mit Dir

Dort
wo es gilt den Sinn zu heben
der Seele neue Flügel zu verleihen
wo unter Regeln und Gesetzen
die Würde des Menschen freigelegt wird

Die Gesichter die dort wohnen
werden sich langsam aus dem Nebel schälen
Form annehmen
die Namen ihren Klang entfalten

Dann wird meine Seele neu
aufbrechen
und neu
Land betreten

Sehnsucht und Vernunft

Die Sehnsucht sagt:
Brich ab, brich auf!
Die Vernunft raunt leis:
Halt ein!
Wohin des Wegs?
Woher der Mut?
Wo wird dein Anker sein?

Die Sehnsucht sagt:
Ergreif die Hand,
wirf ganz dein Herz hinein!
Die Vernunft raunt leis:
Sie drückt zu fest,
wirst ihr Gefangener sein.

Die Sehnsucht sagt:
Verlass dein Volk, dein Vaterhaus,
brich alle Bande ab!
Die Vernunft raunt leis:
Bist nicht allein,
trägst Verantwortung bis zum Grab!

Die Sehnsucht
lässt das Sehnen nicht,
die Vernunft
hört mahnend zu.
Wohin mein Herz nur sollst du gehen?
Wo findest du zur Ruh?

Aufbruch

Vertrautes
aufgeben
Liebgewordenes
verlassen
Verwurzeltes
lösen
Neuland
gewinnen
Horizonte
weiten
Vertrauen
wagen:
Aufbruch!

Aufbrechen

Aufbrechen
Vertrautes loslassen
den festen Stand aufgeben
den Fuß auf Neuland setzen
ohne zu wissen ob es trägt
Seelenspitzen ausstrecken
zu neuem Ufer
von dem die Hoffnung
bereits entgegenlacht

Loslassen

Loslassen
schmerzhaft Abschied nehmen
um neues Leben zu ermöglichen

Loslassen
den Tränen ihren Lauf lassen
die sich balsamgleich auf Wunden legen

Loslassen
die Einsamkeit besiedeln
warten bis neues Leben keimt
aus alten Wunden

Loslassen
Freiheit schenken
und im Dickicht der Gefühle
die Liebe nicht verletzen

Loslassen
die Fremde wagen
im Abschied den Neubeginn suchen

Du gehst fort

du gehst fort
schritt für schritt
der freiheit entgegen
fortschritt
um neu
land zu gewinnen

Niemandsland

Ausgespannt im Niemandsland
hinter mir das Unwiederbringliche
vor mir das noch nicht Betretene
verharre ich
im Nebel der Trauer und des Schmerzes
nähre behutsam die Hoffnung
die sich leise aus dem Nebel schält

Erinnerungswaben

Erinnerungswaben
gefüllt mit Süß- und Bitterstoffen
sorgfältig zugedeckelt
dem Vergessen anheim gegeben
harren der Ernte
die offenbaren wird
welcher Lebensgeschmack
Oberhand gewinnt

Wort-Verdichtungen

Wort-Einfall

Wort-Einfall
plötzlich
unverhofft
im Dazwischen des Lebens
im Dazwischen des Miteinanders
Aufleuchten des Himmels
Sternschnuppengleich

Versuch es zu erhaschen
bevor es zerrinnt
zwischen den Gedanken

Wort-Suche

Im Dazwischen
des Sprachwirrwars
Wort-Suche
nach dem einen Wort
dem Erstgesprochenen
in dem die Sehnsucht wohnt
und die Seele
Heimat findet

Wortlieder

Ich trinke Bilder Worte
in nimmersatte Denkräume
wo sie durcheinanderwirbeln
gären
bis sie sich zusammenfügen
zu Wortliedern

Gedanken I

Gedanken hüpfen
wie aufgeregte Vögel
von Ast zu Ast
schreien wirr durcheinander
und lassen sich nicht fassen

Nur an den Hinterlassenschaften
kann man sehen
dass sie da waren

Gedanken II

schwalbengleich
ziehen gedanken bahnen
am blauen firmament
freiheit atmend
um im kühnen fluge
worte zu jagen
sinnverdichtete
und sich im aufwind emporzuschwingen
zu Dir

Der Wort-Strauß

Heimlich
bei Mondenschein
pflücke ich Worte
und binde sie
zu einem Strauß

Werden sie blühen
oder verdorren
in deinem Herzen?

Sternzwischenräume

Ich lege mein Schweigen
auf die Lippen
der Nacht
die es begierig trinken
und hänge Träume in
Sternzwischenräume:
wortloser Brückenschlag
von mir zu dir!

Zeit-Verdichtung

Der Zeitenwanderer

Schritt für Schritt
ersteht mit Schöpferkraft
Lebenszeit
unter deinen Füßen

Mit welcher Farbe sie erblüht –
ob leidvoll dunkel oder
freudig bunt –
es liegt in deiner Hand

Der Augenblick
du musst ihn wagen
doch kaum betreten
entflieht er schon

Ob Sinn-voll oder -leer
du musst ihn lassen
um schon den nächsten
hoffnungsvoll zu fassen

Wer nur nach hinten schaut
und im Vergangenen verweilt
verpasst das Leben
augenblicklich

Und mag die Zeit auch stehen bleiben
du gehst doch weiter
Schritt für Schritt
der Ewigkeit entgegen

Zeiten-Wandel

Schritt für Schritt
entsteht Zukunft
vor meinen Füßen
wandelt sich Zukunft in
Gegenwart in
Vergangenheit
die Sehnsucht
gibt die Richtung vor

Lichtträger
entzündet vom ewigen Licht
trage Liebe
in die Gegenwart
die die Vergangenheit wärmt
und die Zukunft
der Finsternis entreißt

Erdschlaf

Schlafe Erde
Mondscheinumhüllte
und stille den Durst
nach Ruhe und Frieden
der tief
in deinem Innern brennt

Traumbilder I

Heimlich
bei Nacht
spannt die Seele
Traumbilder
gewoben aus Sehnsuchtsfäden
zwischen den Sternen auf
in denen sich das Herz verfängt
bis das erste Morgendämmern
sie wieder einholt
tränenbenetzt

Traumbilder II

Nachts
malt die Seele
Traumbilder
mit Erinnerungs- und Sehnsuchtsfarben
an Einsamkeitswände
die die Seele wärmen

Der Morgen
übertüncht die Realitätsfernen
mit Verstand
doch manche Spuren bleiben

An der Grenze des Tages

an der grenze des tages
wo die nacht im morgen verdämmert
spitzt die seele die ohren
lauscht
auf das raunen der worte
die lasteselgleich
aus der tiefe steigen
beladen mit sternenglanz

Der Augenblick

Erwartungsvoll
betrete ich den Raum des Augenblicks
der hinter mir die Türen schließt
und mich einsperrt
für eine kurze Ewigkeit
in schweigendes Sein
bis er mich wieder entlässt
gefüllt mit Sternenstaub
der Ewigkeit

Die Weltuhr

die weltuhr tickt
getrieben von unruhe
noch mehr
macht
geld
ansehen
einfluss
koste es was es wolle
denn am ende
lauert der tod

die gottesuhr tickt
getrieben von unruhe
noch mehr
leben
liebe
frieden
versöhnung
hoffen gegen den trend
denn am ende
steht leben in fülle

wie ticke ich?

Zeit-Verdichtung

Zeit-Verdichtung
erlauschter Vogelsang bahnt
durch Gedankengestöber
Wege in die Tiefe
wo Sorgen verstummen
und das Sein
warm das Herz umhüllt

Glockenschlag von fern
erinnert Gottes-Klang
der leise durch die Seele schwebt
und Anfang und Ende im Jetzt verbindet:
Ewigkeit im Augen-Blick

Lange Weile

Zäh tropft die Zeit
von den Zeigern meiner Uhr
verschwimmt zum Einheitsgrau
das langsam durch die Zellen sickert
eine Schleppe von Langeweile nach sich ziehend
bis die erstickte Seele schreit:
MACH WAS!
Füll die lange Weile
mit Sinn!

Einsamkeit

Einsamkeit
Sogkraft
die Menschen einsaugt
und bindet
in Abhängigkeit versklavt

Erst wenn sie erfüllt wird
von innen her
öffnet sie sich wieder
für die Freiheit der Liebe

Was bleibt von mir?

Wenn des Lebens Brot verzehrt
bis auf das letzte Korn
wenn das Leben versickert
und die Erinnerung an mich verweht
im Alltagswind

Wenn alles abfällt
egal ob gut ob schlecht
und die Bedeutsamkeit versinkt
in dunkler Namenslosigkeit

Was bleibt von mir?

Werden dann noch Spuren bleiben
von mir im großen Lebensbuch?
Wird mein Geist noch weiterleben
beheimatet in liebenden Herzen?

Und werden sich noch Spurenleser finden
die durchstoßen
zum wahren Lebenskern?

Was bleibt von mir?
Du weißt es
mein Gott!

Buchhinweis:

Reihe: Gottes-Verdichtungen Band 1

Christina Mülling

Gottes-Abstieg
Geistliche Gedichte

3. erweiterte Auflage 2017

ISBN 978-3-7392-0824-4